BEI GRIN MACHT SICH IHR WISSEN BEZAHLT

- Wir veröffentlichen Ihre Hausarbeit, Bachelor- und Masterarbeit

- Ihr eigenes eBook und Buch - weltweit in allen wichtigen Shops

- Verdienen Sie an jedem Verkauf

Jetzt bei www.GRIN.com hochladen und kostenlos publizieren

Konzeption eines Interviewleitfadens zur Feststellung der Unternehmensreputation

Ziele und Aufgaben eines qualitativen Interviewleitfadens, Varianten von Verzerrungen im Interview, Unterschiede zwischen der strukturierten und evaluativen Inhaltsanalyse

Katharina Gross

Bibliografische Information der Deutschen Nationalbibliothek:

Die Deutsche Nationalbibliothek verzeichnet diese Publikation in der Deutschen Nationalbibliografie; detaillierte bibliografische Daten sind im Internet über http://dnb.d-nb.de abrufbar.

ISBN: 9783346256911
Dieses Buch ist auch als E-Book erhältlich.

© GRIN Publishing GmbH
Nymphenburger Straße 86
80636 München

Alle Rechte vorbehalten

Druck und Bindung: Books on Demand GmbH, Norderstedt Germany
Gedruckt auf säurefreiem Papier aus verantwortungsvollen Quellen

Das vorliegende Werk wurde sorgfältig erarbeitet. Dennoch übernehmen Autoren und Verlag für die Richtigkeit von Angaben, Hinweisen, Links und Ratschlägen sowie eventuelle Druckfehler keine Haftung.

Das Buch bei GRIN: https://www.grin.com/document/926046

Einsendeaufgabe

Wissenschaftliches Arbeiten – Vertiefung I

- Alternative B -

SRH Fernhochschule – The Mobile University

Modul:	Wissenschaftliches Arbeiten
Studiengang:	B. Sc. Psychologie
Vorgelegt von:	Katharina Gross

Inhaltsverzeichnis

Abkürzungsverzeichnis *3*

Anlagenverzeichnis *4*

Aufgabe B 1 .... *5*

    1.1 Die Konzeption eines qualitativen Interviewleitfadens 5

    1.2 Der Begriff Reputation im Zusammenhang mit dem Konzept Eiseneggers 5

    1.3 Ziele und Aufgaben des qualitativen Interviewleitfadens 7

        1.3.1 Die Wahl des Falls und der Stichprobe 9

        1.3.2 Die Stakeholder-Auswahl 10

        1.3.3 Die Dimensionen des Interviewleitfadens und ihre Aufgaben 11

Aufgabe B 2 .... *11*

    2.1 Verzerrungen im Interview 11

    2.2 Mögliche Verzerrungen vonseiten des Interviewers 12

    2.3 Mögliche Verzerrungen vonseiten des Befragten 12

    2.4 Möglichkeiten, um die Verzerrung gering zu halten 13

Aufgabe B 3 .... *15*

    3.1 Der Ablauf der inhaltlich strukturierenden Inhaltsanalyse 15

    3.2 Der Ablauf der evaluativen Inhaltsanalyse 18

    3.3 Wesentliche Unterschiede zwischen der inhaltlich strukturierenden und der evaluativen qualitativen Inhaltsanalyse 21

Anlage *23*

    Interviewleitfaden 23

Literaturverzeichnis *28*

Online-Literaturverzeichnis *29*

Abkürzungsverzeichnis

bspw.	beispielsweise
i. d. R.	in der Regel
S.	Seite
u. a.	unter anderem
VW	Volkswagen
z. B.	zum Beispiel

Anlagenverzeichnis

Anlage: Interviewleitfaden

Aufgabe B 1

1.1 Die Konzeption eines qualitativen Interviewleitfadens

Gegenstand dieser Aufgabe ist die Erstellung eines qualitativen Interviewleitfadens zur Erfassung der Unternehmensreputation anhand eines Reputationskonzepts von Mark Eisenegger. Der Leitfaden im Anhang soll Daten dazu generieren, inwiefern verschiedene Stakeholder die aktuelle Reputation von VW vor dem Hintergrund des Dieselskandals einschätzen.

1.2 Der Begriff Reputation im Zusammenhang mit dem Konzept Eiseneggers

Um ein qualitatives Leitfrageninterview zum Konstrukt Reputation entwerfen zu können, ist es Voraussetzung, sich über die Bedeutung des Begriffs klar zu werden. Bezugnehmend auf die Aufgabenstellung wird das Konzept Eiseneggers nachvollzogen und erläutert, damit auf dessen Grundlage adäquate Fragen formuliert werden können.

Eine eindeutige Definition für den Begriff Reputation liegt nicht vor. Häufig wird Reputation im deutschen Sprachraum bedeutungsgleich mit „Ruf" oder „Ansehen" gesehen. Eisenegger betont, dass es auf den Blickwinkel ankommt, was unter Reputation verstanden wird. Konsens herrscht jedoch darüber, dass Reputation etwas mit Vertrauen zu tun hat. Dieses Vertrauen entsteht, wenn Erwartungen erfüllt und Verlässlichkeit eingehalten wird. Ein Unternehmen muss im eigentlichen Sinne des Wortes „glaubwürdig" sein (Ternès/Runge, 2015, S. 1).

Die Beschäftigung von Firmen und Organisationen mit ihrer jeweils eigenen Reputation hat einen großen Stellenwert. Ein „Ist-Stand" der Reputation zeigt den Unternehmen, in welchen Bereichen Verbesserungen zu tätigen sind. Prinzipiell lässt sich feststellen, dass Firmen mit einer „guten Reputation" wirtschaftlich erfolgreicher sind als andere. Eisenegger zeigt einen detaillierten Überblick über die verschiedenen Betrachtungsweisen: Zum einen gibt es den soziologischen Kontext, der Reputation weit fasst und deshalb schwer zu operationalisieren ist (Eisenegger/Imhof, 2007, S. 1).

Im Bereich der PR- und Marketing-Forschung lässt sich Reputation eher in Zahlen fassen, weil die dabei verwendeten Dimensionen besser messbar sind. Der Ansatz geht auf Fombrum et al. zurück (Eisenegger & Imhof, 2007, S. 2). Allerdings findet dieses Modell lediglich bei ökonomischen Organisationen Anwendung. An diesem Punkt setzt Eisenegger an: Das Ziel ist ein universeller und nicht auf ökonomische Organisationen beschränkter Geltungsanspruch.

Dabei baut er auf einem Ansatz von Schwaiger (2014) auf, welcher bis dahin zwei Dimensionen vorsieht: Nämlich eine kognitive (wahrgenommene Kompetenz) und eine affektive (entgegengebrachte Sympathie) Reputationsdimension (Eisenegger/Imhof, 2007, S. 2). Eisenegger fügt diesen beiden Dimensionen eine normative Dimension hinzu. Er begründet das dreigliedrige Modell mit dem „Drei-Welten-Konzept" des Philosophen und Soziologen Jürgen Habermas, das auf den Gegenstand moderner Reputationskonstruktion übertragen werden soll (Eisenegger/Imhof, 2007, S. 3). In der Habermasschen Theorie geht es darum, dass Reputation ein Phänomen der modernen Leistungsgesellschaft ist. Die Rationalisierung des modernen Denkens hat zu einer Differenzierung von drei Welten geführt: Einer objektiven, einer sozialen und einer subjektiven Welt (Eisenegger/Imhof, 2007, S. 3). Die objektive Welt beschäftigt sich damit, wie kompetent Aufgaben in kognitiver Hinsicht erfüllt werden. Die soziale Welt wirft den Blick auf die normativ-moralische Korrektheit. Den Fokus auf die emotionale Wirkung eines Individuums legt die subjektive Welt (Eisenegger/Imhof, 2007, S. 2-3). Im Spannungsfeld dieser drei Welten haben sich Menschen zu behaupten. Um einem universellen Geltungsanspruch Rechnung zu tragen, nimmt Eisenegger drei Einteilungen vor (Eisenegger/Imhof, 2007, S. 3):

Für die funktionale Dimension (auch objektive Welt des „Wahren") gilt das Prüfkriterium der „Zweckrationalität". Es geht darum, ob Leistungsziele erfüllt und richtige Entscheidungen gefällt werden (Eisenegger/Imhof, 2007, S. 3).

Die soziale Dimension (auch normative Welt des „Guten") beschäftigt sich damit, ob sich Individuen in einer „Welt sozialer Normen und Werte bewähren" (Eisenegger/Imhof, 2007, S. 4). Um eine positive Reputation bekommen zu können, muss das Handeln eines Akteurs von der Gesellschaft legitimiert sein. Entspricht das Handeln nicht mehr den allgemein kodifizierten gesellschaftlichen Normen und Werten, so nimmt die Reputation Schaden. Ethische Reputationseinbußen sind nur schwer wiederherzustellen.

Die expressive Dimension (auch die subjektive Welt des „Schönen") umfasst, welche „emotionale Attraktivität und Wahrhaftigkeit vom charakteristischen Wesen und der Identität eines Akteurs ausgehen" (Eisenegger/Imhof, 2007, S. 5). Bedeutsam ist, dass nach einer objektiven und einer normativen Welt nunmehr die emotionale Welt Platz greift. Der Begriff expressiv wird verständlich, wenn bedacht wird, dass Individuen Äußerungen und Verhaltensweisen tätigen, um von Mitmenschen geschätzt zu werden. Im praktischen Sinne lässt sich dies daran ablesen, wie sympathisch oder faszinierend jemand von anderen empfunden wird. Die expressive Dimension umfasst, wie viel emotionale Attraktivität einer Person zugestanden wird oder nicht.

Eisenegger beschreibt, dass es für ein Unternehmen bei weitem nicht ausreicht, „Mainstream" zu sein. Durch Zuverlässigkeit und eine ordentliche Qualität von Produkten allein lässt sich keine herausragende Reputation herstellen. Vielmehr bedarf es eines „Abhebens von der Konkurrenz", wie das bspw. Apple getan hat. Ziel ist eine emotionale Bindung an ein Produkt bzw. Unternehmen (Eisenegger/Imhof, 2007, S. 7). Folglich lässt sich Reputation als ein „Balanceakt zwischen funktionaler und sozialer Anpassung (Erwartungs-Management) und expressiver Abgrenzung (Identitäts-Management)" (Eisenegger/Imhof, 2007, S. 7) bezeichnen.

1.3 Ziele und Aufgaben des qualitativen Interviewleitfadens

Die Konzeption eines Interviewleitfadens verlangt eine strukturierte Arbeitsweise. Grundsätzlich geht einem Interview eine Literaturrecherche voraus, damit ein umfassendes Bild zu dem betreffenden Thema geschaffen wird. Anschließend sollte geklärt werden, welche Personen für das Interview in Frage kommen.
In dieser Aufgabe kommt ein qualitatives halbstandardisiertes Leitfadeninterview zur Anwendung. Es zeichnet sich durch einen Leitfaden aus, der eine Steuerungs- und Strukturierungsfunktion erfüllt (Misoch, 2019, S. 65). Die Struktur eines solchen Interviews ist im Gegensatz zu einem narrativen Interview vonseiten der Fragenden vorgegeben. Leitfadeninterviews bieten einen thematischen Rahmen, um die ausgewerteten Daten vergleichen zu können. Gleichzeitig ist die Auflistung von Themenkomplexen bzw. Dimensionen eine Struktur für den Interviewer und garantiert, dass alle

Themenbereiche angesprochen werden und nicht in Vergessenheit geraten (Misoch, 2019, S. 66). Wie konkret die Fragen Im Leitfaden vorformuliert werden, hängt meistens von der Erfahrung des Interviewers und der Komplexität des Themas ab. Qualitative Leitfadeninterviews zeichnen sich durch eine gewisse Flexibilität und Offenheit aus. So hat der Interviewer die Freiheit, die Reihenfolge der Fragen während des Gesprächs zu ändern oder Nachfragen zu stellen. (Reinhardt/Ornau, 2015, S. 14; Misoch, 2019, S. 66). Die Schilderung subjektiver Eindrücke, Meinungen oder Einstellungen ist bei einem solchen Interview ausdrücklich gewünscht. Wichtig ist, dass die Fragen klar, eindeutig und in einer für den Interviewten gut verständlichen (Alltags-)Sprache formuliert sind (Reinhardt/Ornau, 2015, S. 16; Misoch, 2019, S. 66-67).

Das Leitfadeninterview gliedert sich in vier Phasen (Misoch, 2019, S. 68):

1. Informationsphase (Klärung der Formalia)
   Der Interviewteilnehmer wird über den Gegenstand und das Ziel der Befragung informiert und weiterhin über den vertraulichen Umgang mit seinen Daten in Kenntnis gesetzt. Verpflichtend ist außerdem die Unterzeichnung einer Einverständniserklärung (Misoch, 2019, S. 68).

2. Aufwärm- und Einstiegsphase (auch Warm-up genannt)
   Der Interviewer sorgt für eine angenehme Gesprächsatmosphäre und erleichtert dem Befragten mithilfe einer relativ offenen Frage den Einstieg in das Thema.

3. Hauptphase
   In dieser Phase werden die wichtigsten Fragen gestellt. Der Interviewer orientiert sich an seinem Leitfaden, damit alle relevanten Themenbereiche angesprochen werden.

4. Ausklang- und Abschlussphase
   Die Abschlussphase ist vor allen Dingen bei Interviews wichtig, in denen emotionale aufwühlende Themen von Belang sind. Sie dient dazu, den Studienteilnehmer aus der Befragungssituation wieder herauszuführen. Doch auch für

den Interviewer sind diese Rückführung und der gedankliche Abschluss von Bedeutung, denn sie erleben diese Befragungen meist als sehr intensiv.

1.3.1 Die Wahl des Falls und der Stichprobe

Die Liste der Unternehmen, deren Gründung vor dem zweiten Weltkrieg datiert ist und bis heute bestehen, ist nicht lang. Volkswagen (VW) wurde im Jahr 1937 in Berlin notariell ins Leben gerufen. Das Automobilunternehmen kann somit auf ein über 80jähriges Bestehen zurückblicken.

In der jüngsten Vergangenheit hat VW jedoch vor allen Dingen mit negativen Schlagzeilen Furore gemacht: Der Dieselskandal hat den gesamten Konzern bis ins Innerste erschüttert und ist folgenschwer. Manager mussten ihre Posten räumen, VW-Kunden prozessierten und bekamen Recht zugesprochen.

Demzufolge kann die Hypothese formuliert werden, dass VW wegen der Dieselaffäre an Reputation verloren hat, was dem Unternehmen nicht nur den „guten Ruf" schmälert, sondern auch den wirtschaftlichen Erfolg mindert. Mit dem vorliegenden Leitfadeninterview soll erst einmal geklärt werden, ob diese Vermutung überhaupt den Tatsachen entspricht. Ein weiterer Schritt könnte dann darin bestehen, dass VW aufgrund der Ergebnisse gezielt Maßnahmen hinsichtlich des Reputationsmanagements ergreifen kann.

Charakteristisch für die Stichprobenauswahl eines qualitativen Interviewleitfadens ist eine tendenziell überschaubare Anzahl an Interviewten. Helfferich (2009, S. 173) berichtet von Größenordnungen zwischen 6 und 30 befragten Personen. Es geht anders als bei einem quantitativen Verfahren nicht um die Repräsentativität und Generalisierung einer Population, sondern um eine Typisierung (Lamnek/Krell, 2016, S. 362-363). Der Interviewer entscheidet, welche Personengruppen bzw. Stakeholder befragt werden. Mithilfe des „Theoretical Sampling" sollen die Personen ausgewählt werden, deren Merkmale einen Beitrag zur Lösung der Forschungsfrage vermuten lassen (Keuneke (2017, S. 308). Die Durchführung von qualitativen Leitfadeninterviews ist zeit- und kostenintensiv. Sie müssen sich oft dem Vorwurf stellen, keine allgemeingültigen Daten zu erheben. Es gilt jedoch zu beachten, dass von der Interpretation qualitativer Interviews auf typische Muster geschlossen werden kann (Helfferich, 2009, S. 173).

1.3.2 Die Stakeholder-Auswahl

Eine wichtige Stakeholder-Gruppe von VW sind die Medien. Als Vermittler der Informationen über den Dieselskandal sind sie ein wichtiges Sprachrohr. Denn sie entscheiden, wie und welche Informationen an die Öffentlichkeit transportiert werden. Somit ist es bedeutungsschwer, welche Haltung Presseorgane gegenüber Firmen und Organisationen haben. Natürlich haben Medien die Aufgabe, objektiv und sachlich zu berichten, jedoch unterliegt jedes Individuum Prägungen und Einflüssen, die selbst bei einer reflektierten Berichterstattung nicht in Gänze ausgeblendet werden können. Um ein umfassendes Bild in Erfahrung zu bringen, ist geplant, insgesamt zehn Personen dieser Stakeholder-Gruppe zu befragen. Dabei ist vorgesehen, fünf Zeitungs- und fünf TV-Journalisten zu interviewen. Grund dafür ist das Interesse, ob zwischen den beiden Medien unterschiedliche Tendenzen erkennbar sind.

Mitarbeiter des VW-Konzern haben (zumindest innerhalb ihrer Abteilung) einen Einblick in das Unternehmen, wie sonst keine andere Personengruppe. Der interne Blickwinkel dieser Stakeholder soll im Rahmen des Interviews Auskunft darüber geben, wie die Reputationssituation innerhalb des Unternehmens wahrgenommen wird. Wichtig ist die Befragung der Arbeitnehmer deshalb, weil sich die Einstellung der Mitarbeiter zum Unternehmen auch auf ihre Leistung auswirkt. Aus dieser Gruppe sollen zehn Personen aus mindestens vier Abteilungen befragt werden, damit es möglichst zu keinen Absprachen der Probanden untereinander kommt.

Zuletzt sollen fünf Personen aus der Gruppe der Aktionäre befragt werden. Durch sie erhält VW Gelder, mit denen bspw. neue Entwicklungen oder Technologien unterstützt werden. Es ist also im Interesse von VW, zu wissen, wie diese Stakeholder die Reputation des Unternehmens insbesondere nach der Dieselaffäre einschätzen. Je nach Ergebnis könnten Reputationseinbußen mittels geeigneter Maßnahmen („Reputationsmanagement") bearbeitet werden. Da Investoren nur Unternehmen fördern, die sie für zukunftsträchtig und gewinnversprechend halten, ist die Wahl dieser Personengruppe sinnvoll.

Der anhängende Interviewleitfaden will herausfinden, wie die drei gewählten Stakeholder die Reputation von VW aktuell einschätzen. Die Berechtigung zu dieser Erhebung ergibt sich aus der Hypothese, dass VW wegen der Dieselaffäre Reputationseinbußen unterliegt. Ein weiterführendes Ziel der Erkenntnisse aus den Interviews ist folglich, dass VW eine Strategie entwickeln kann, wie dieser Schaden dauerhaft wieder ausgeglichen werden kann.

1.3.3 Die Dimensionen des Interviewleitfadens und ihre Aufgaben

Im Mittelpunkt der funktionalen Reputation stehen qualitative und wirtschaftliche Aspekte von VW. Es wird einerseits erfragt, wie die Produkte der Firma bewertet werden und andererseits, wie die Marktposition des Konzerns eingeschätzt wird. Die drei gewählten Stakeholder sollen ihre Meinung dazu äußern, wie profitabel und wie wettbewerbsfähig sie das Unternehmen derzeit einschätzen.

Die Fragen der sozialen Dimension zielen darauf ab, in Erfahrung zu bringen, wie der zwischenmenschliche Umgang von VW mit den Angestellten ist. Außerdem fällt in diesem Bereich die Frage, wie verantwortlich VW mit Ressourcen und der Umwelt umgeht. Die Befragten sollen sich dazu äußern, wie sie die Verantwortungsbereitschaft in sozialer und gesellschaftlicher Hinsicht von VW einschätzen.

Die dritte Dimension konzentriert sich vor allen Dingen auf die emotionale Wahrnehmung der Interviewten gegenüber VW. Es soll erfragt werden, wodurch VW faszinieren kann und welche Tatsachen und Gefühle Menschen an die Marke binden. Die Probanden sollen darüber informieren, was VW aus ihrer Sicht einzigartig macht.

Aufgabe B 2

2.1 Verzerrungen im Interview

Interviews werden von Individuen ausgeführt. Deshalb ist nicht auszuschließen, dass es trotz größtmöglicher Anstrengungen um Objektivität und Standardisierung zu Verzerrungen kommt. Sowohl vonseiten des Interviewers als auch vonseiten des

Befragten kann es bspw. aufgrund des Verhaltens oder auch der äußeren Erscheinung zu unerwünschten Effekten kommen. Solche Verzerrungen hängen mit den individuellen Eigenschaften einer Person und mit der Interaktion zusammen (Renner/Jacob, 2020, S. 77). Verzerrungen sind deshalb problematisch und unerwünscht, weil sie die Ergebnisse der Untersuchungen verfälschen.

2.2 Mögliche Verzerrungen vonseiten des Interviewers

Die Rolle des Interviewers ist von großer Verantwortung geprägt. Der sogenannte „Interviewereffekt" ist abzugrenzen von einem absichtlich ausgeübten „Interviewer Cheating" (Bortz/Döring, 2006, S. 246). Ein solches „Interviewer Cheating" liegt dann vor, wenn der Forschende gezielt ein Fehlverhalten anwendet, um die Datenerhebung zu beeinflussen. Der Interviewereffekt hingegen wird i. d. R. nicht bewusst verursacht (Bortz/Döring, 2006, S. 246). Er kann bspw. durch das Alter, Geschlecht, Aussehen, Kleidung oder Haarmode sein, also sichtbare Merkmale des Interviewers ausgelöst werden (Bortz/Döring, 2006, S. 246; Reinhardt/Ornau, 2015, S. 24). Ebenso können auch unsichtbare Merkmale des Interviewers wie etwa Persönlichkeit, Einstellungen und Erwartungen ursächlich sein (Bortz/Döring, 2006, S. 246; Reinhardt/Ornau, 2015, S. 24).

2.3 Mögliche Verzerrungen vonseiten des Befragten

Die befragte Person kann ebenso in erheblichem Ausmaß die Interviewergebnisse beeinträchtigen (Bortz/Döring, 2006, S. 248). Es wäre utopisch von der Annahme auszugehen, ein Befragter würde neutrale, „wie ein Datenträger austauschbare Antworten" geben können (Bortz/Döring, 2006, S. 248). Wissenschaftler haben u. a. mit folgenden Befragteneffekten (Response Errors) zu kämpfen: Bei Zufallsstichproben, also bei quantitativen Verfahren, spielen die Interviewverweigerung, die Ablehnung einzelner Fragen und Antwortverfälschungen eine wesentliche Rolle (Bortz/Döring, 2016, S. 363). Solche Effekte sind entweder auf Merkmale der Befragten selbst zurückzuführen oder auf die Interaktion mit dem Interviewer, dem Instrument oder der Interviewdurchführung (Bortz, Döring, 2016, S. 363).

Die Verweigerung einer Antwort (Item-Nonresponse") kann selbstverständlich auch bei einem qualitativen Interview vorkommen ebenso wie eine sogenannte Meinungslosigkeit („Weiß-nicht-Antwort"). Aber auch das Gegenteil, also das „Vorgaukeln" einer Meinung, die in Wirklichkeit gar nicht vorhanden ist, kann auftreten („Non-Attitudes") (Reinhardt/Ornau, 2015, S. 24). Einen großen Stellenwert nehmen Antworten ein, die aufgrund der sozialen Erwünschtheit geäußert werden, also wenn Befragte bspw. dem Interviewer gefallen wollen bzw. einen positiven Eindruck von sich hinterlassen wollen. Dadurch kann es zu Antworten kommen, die eher einem allgemeinen gesellschaftlichen Konsens entsprechen als der subjektiven eigenen Meinung. Man spricht dann von einem „Social-Desirability-Response-Set" (Reinhardt/Ornau, 2015, S. 24). Auch formale Gesichtspunkte können die Antworten beeinflussen: Zu den Positionseffekten gehören bspw. der Kontext- und Primingeffekt. Hier spielt also die Reihenfolge der Fragen eine wesentliche Rolle. Mit dem Primingeffekt werden Assoziationen geweckt, die sich dann auf die Beantwortung der folgenden Fragen auswirkt. Auch die Anwesenheit Dritter beeinflusst die Antworten eines Befragten („Anwesenheitseffekt") (Reinhardt/Ornau, 2015, S. 24).

2.4 Möglichkeiten, um die Verzerrung gering zu halten

Einen per se erfolgreichen „Interviewertyp" gibt es nicht, weshalb es auch kein „konkretes Merkmalsprofil eines guten Interviewers" gibt (Bortz/Döring, 2006, S. 247). Fest steht allerdings, dass mithilfe von Interviewtrainings die Kompetenz der Interviewer erhöht werden kann. Ziel solcher Schulungen bzw. Trainings ist, „dass alle Interviewenden sowohl den Interviewleitfaden als auch grundlegende Prinzipien der Gesprächsführung, des Beziehungsaufbaus, aber auch mögliche Störeffekte kennen" (Renner/Jacob, 2020, S. 80). Mithilfe des Feedbacks eines Trainers kann bspw. der Umgang mit schwierigen Gesprächssituationen geübt und das Verhaltensrepertoire der Interviewer erweitert werden (Renner/Jacob, 2020, S. 81).
Bortz und Döring (2006, S. 247) empfehlen ebenfalls Interviewerschulungen, damit die Interviewer über den Gegenstand der Studie ausreichend informiert sind. Weiterhin sprechen sich die beiden Wissenschaftler für eine detailgenaue Erläuterung bezüglich des Leitfadenaufbaus aus, damit die Logik des Fragebogens durchdrungen wird

(Bortz/Döring, 2006, S. 248). Die Interviewer sollten unbedingt das Protokollieren von Antworten üben, sofern keine Tonaufzeichnungen vorgesehen sind. Auch der Umgang mit „Antwortverweigerern" kann thematisiert werden, damit souverän mit solchen Situationen umgegangen zu können. Zuletzt empfehlen Bortz und Döring (2006, S. 248) Probeinterviews durchzuführen und sogar mögliche „Pannen" absichtlich einzubauen. So kann die Konfrontation mit unangenehmen Situationen trainiert werden (Bortz/Döring, 2006, S. 248).

Um zu wissen, was einen guten Interviewer ausmacht, ist es wichtig, dass der Fragende sich bewusst macht, was er auf keinen Fall tun sollte. Dazu gehört bspw. dem Befragten ein Gefühl von Zeitdruck zu vermitteln. Eine gehetzte Person, die einem ungeduldigen Zuhörer gegenübersitzt, wird anders antworten als jemand, dem das Gefühl vermittelt wird, ihm wird aufmerksam und interessiert zugehört. Dabei sollte der Blick dem Redner zugewandt sein und Sprechpausen dürfen nicht sofort vom Interviewer gefüllt werden (Renner/Jacob, 2020, S. 80). Die interviewte Person darf keinesfalls unterbrochen werden.

Bezugnehmend auf das qualitative Leitfadeninterview sollten überwiegend offene Fragen gestellt werden, um möglichst viele Informationen generieren zu können. Fragen, die nur mit „ja" oder „nein" beantwortet werden können, gilt es tendenziell zu vermieden.

Sämtliche Werturteile stehen einem Interviewer nicht zu. Reinhardt und Ornau (2015, S. 23) formulieren sogar: „Der Befragte hat immer Recht!". Damit ist nicht gemeint, dass ein Befragter wissenschaftlich richtige Ansichten hat. Das Interview hat das Ziel herauszufinden, wie die subjektive Haltung, Einstellung oder Wahrnehmung ist, also wie eine Fragestellung aus dem ganz persönlichen Blickwinkel des Befragten betrachtet wird. Um diesen Prozess nicht zu beeinflussen, darf ein Interviewer keinesfalls seine eigene Meinung kundtun oder Werturteile erkennen lassen. Es gilt das „Prinzip der Offenheit" (Reinhardt/Ornau, 2015, S. 23).

Aufgabe B 3

Sowohl die inhaltlich strukturierende als auch die evaluative Inhaltsanalyse finden in der Forschungspraxis viel Verwendung. Deshalb werden in dieser Aufgabe beide Analyseformen separat vorgestellt, bevor zuletzt die Unterschiede herausgestellt werden.

3.1 Der Ablauf der inhaltlich strukturierenden Inhaltsanalyse

Der typische Ablauf einer inhaltlich strukturierenden Inhaltsanalyse wird in sieben Phasen gegliedert, die im Folgenden näher beschrieben werden.

Phase 1

Die erste Phase ist gekennzeichnet durch (Kuckartz, 2018, S. 101-121; Ornau, 2015, S. 24-47) eine initiierende Textarbeit, das Markieren von wichtigen Textstellen, das Schreiben von Memos und einer ersten Fallzusammenfassung.
Der vorliegende Text wird also vollständig und genau gelesen, damit ein erstes Gesamtverständnis gebildet wird (Kuckartz, 2018, S. 56; Ornau, 2015, S. 24). Es ist sinnvoll, die Forschungsfrage neben den Text zu legen und bspw. zentrale Begriffe oder wichtige Abschnitte zu markieren. Als Memos werden Gedanken, Ideen, Vermutungen und Hypothesen bezeichnet, die sich den Wissenschaftlern während des Analyseprozesses einstellen. Vergleichbar ist diese Art von Notizen mit „Post-its" (Kuckartz, 2018, S. 58). Anschließend hat sich das Verfassen einer ersten Fallzusammenfassung („Case Summary") als nützlich erwiesen. Der Schwerpunkt der Zusammenfassung soll sich auf die Forschungsfrage konzentrieren und die jeweiligen Besonderheiten des Einzelfalls faktenorientiert und komprimiert darstellen (Kuckartz, 2018, S. 58).

Phase 2

Schwerpunkt der zweiten Phase ist die Bildung von Haupt- und Subkategorien, um die Daten inhaltlich zu strukturieren (Kuckartz, 2018, S. 101). Die Hauptkategorien ergeben sich häufig direkt aus der Forschungsfrage. Subkategorien hingegen werden dann gebildet, wenn beim genaueren Studium von Texten bislang nicht erwartete Themen auftauchen. Eine kurze Notiz am Textrand bietet sich hierfür an (Kuckartz, 2018, S. 101).

Um zu überprüfen, ob sich die gebildeten Haupt- und Subkategorien bewähren, empfiehlt Kuckartz (2018, S. 101) ausdrücklich einen „Testlauf" durch einen Datenteil (dieser sollte ca. 10-25% des Auswertungsmaterials betragen).

Phase 3

In der ersten Codierungsphase wird der gesamte vorliegende Text chronologisch durchgearbeitet und einzelnen Abschnitten werden Kategorien zugewiesen. Es kann durchaus auftreten, dass eine Textpassage mehrere Haupt- und/oder Subkategorien anspricht. Sequenzen, die nicht sinntragend oder für die Forschungsfrage irrelevant sind, werden nicht codiert (Kuckartz, 2018, S. 102).

Beim Codieren muss auf folgende Punkte geachtet werden (Kuckartz, 2018, S. 104):

1. Es werden Sinneinheiten codiert, jedoch mindestens ein vollständiger Satz.
2. Besteht eine Sinneinheit aus mehreren Sätzen oder Absätzen, so werden diese codiert.
3. Ist eine einleitende (oder zwischengeschobene) Interviewerfrage notwendig, wird sie mitcodiert.
4. Wie viel Text um eine relevante Information codiert wird, hängt davon ab, ob die Textstelle für sich stehend ausreichend verständlich ist.

Schmidt und Hopf (1993; In: Kuckartz, 2018, S. 105) empfehlen am Beginn der Codierungsphase das „konsensuelle Codieren", d. h. eine Codierung von zwei Personen vornehmen zu lassen, um eine bessere Vergleichbarkeit zu garantieren bzw. die Zuverlässigkeit der Codierungen zu verbessern.

Phase 4

Während der vierten Phase werden alle Textstellen mit der gleichen Hauptkategorie zusammengestellt.

Phase 5

Die fünfte Phase widmet sich einer detaillierten Ausdifferenzierung der Hauptkategorien, d. h. dem induktiven Bestimmen von Subkategorien am Material. Als Vorgehen bietet sich an, thematisch zusammengehörende Stellen auszuwählen und in einer Liste oder Tabelle aufzuführen. Für die Formulierung von Subkategorien können verschiedene Methoden, etwa die der Paraphrasierung und Zusammenfassung von Mayring angewendet werden (Kuckartz, 2018, S. 74).

Phase 6

In einem zweiten Codierungsprozess kommen nun die in der fünften Phase gebildeten Subkategorien zur Anwendung. Die zuvor einer Hauptkategorie zugeteilten Textstellen werden weiter ausdifferenziert und einer entsprechenden Subkategorie zugeteilt. Hierfür ist ein Durcharbeiten des gesamten Materials nötig (Kuckartz, 2018, S. 110).

Überleitung zu Phase 7

Kuckartz (2018, S. 111) empfiehlt vor der letzten Phase einen Zwischenschritt, bei dem für das zuvor strukturierte Material fallbezogene thematische Summarys erstellt werden. Die Umsetzung erfolgt mit der „Themenmatrix" (Ornau, 2015, S. 42; Kuckartz, 2018, S. 111).

Phase 7

Die letzte Phase widmet sich der „eigentlichen Auswertung und Ergebnispräsentation" (Ornau, 2015, S. 44; Kuckartz, 2018, S. 117), wobei sich sechs Formen der Auswertung unterscheiden lassen:

1. Kategorienbasierte Auswertung der Hauptkategorien
2. Zusammenhänge der Subkategorien innerhalb einer Hauptkategorie
3. Zusammenhänge zwischen Hauptkategorien
4. Kreuztabellen – qualitativ und quantitativ
5. Konfigurationen von Kategorien
6. Visualisierung von Zusammenhängen

Am Ende sollte natürlich wie bei jeder Forschungsarbeit ein Bezug zur Ausgangsfrage hergestellt und geklärt werden, ob diese mit der vorliegenden Studie beantwortet wurde. Natürlich können ebenso neue Hypothesen entstanden oder widerlegt worden und neue Fragen in den Fokus gerückt sein. Die Auswertung muss mit einem Ergebnisbericht dokumentiert werden, welcher eine Beschreibung der einzelnen Phasen des Auswertungsprozesses beinhalten muss (Kuckartz, 2018, S. 120).

3.2 Der Ablauf der evaluativen Inhaltsanalyse

Die evaluative Inhaltsanalyse ist ein viel verwendetes Verfahren, dessen Hauptaufgabe die Einschätzung, Klassifizierung und Bewertung von Inhalten ist (Kuckartz, 2018, S. 123). Die Einschätzung des Materials erfolgt i. d. R. fallbezogen und die Ausprägung der gebildeten Kategorien steht meist in einer Rangfolge.

Das Grundschema des Ablaufs der evaluativen Inhaltsanalyse entspricht dem der inhaltlich strukturierenden Inhaltsanalyse (Kuckartz, 2018, S. 125):

1. Initiierende Textarbeit,
2. Kategorienbildung,
3. Codierung,
4. einfache und komplexe Analyse und
5. Darstellung der Ergebnisse.

Entscheidend ist, dass sich die Art der Kategorienbildung maßgeblich von der inhaltlich strukturierenden Inhaltsanalyse unterscheidet. Daraus ergibt sich, dass auch die anschließenden Phasen (Codierung bis Ergebnisdarstellung) anders ablaufen (Kuckartz, 2018, S. 125).

Phase 1

In der ersten Phase der evaluativen Inhaltsanalyse werden die Bewertungskategorien festgelegt. Wichtig ist, dass ein „stringenter Zusammenhang der Kategorien und des gewählten Typs von Kategorien zur Forschungsfrage gegeben sein muss" (Kuckartz, 2018, S. 126). Eine Kategorie kann sowohl während der Formulierung der Forschungsfrage als auch bei der Datenerhebung eine Rolle gespielt haben.

Bewertende Kategorien zu bilden und zu analysieren ist mit einem beträchtlichen Aufwand verbunden, weshalb zuvor eingeschätzt werden muss, ob die

Bewertungskategorien tatsächlich Relevanz für die Forschungsfrage haben (Kuckartz, 2018, S. 126; Ornau, 2015, S. 49). Außerdem muss die gebildete Kategorie (bis auf wenige Ausnahmen) auf alle Forschungsteilnehmer anwendbar sein.

Phase 2

Die zweite Phase umfasst die Identifizierung und Codierung der für die Bewertungskategorien relevanten Textstellen. Es muss also das gesamte Material durchgearbeitet werden und jede Textstelle, die Informationen zu einer formulierten Kategorie enthält, muss codiert werden (Kuckartz, 2018, S. 127). Sinnvoll ist eine zuvor durchgeführte thematische Codierung, um Zeit zu sparen. „Es ist durchaus möglich, dass eine bewertende Kategorie auf mehreren thematischen Kategorien aufbaut" (Kuckartz, 2018, S. 127).

Phase 3

Nun werden die codierten Segmente für jede Bewertungskategorie fallbezogen zusammengestellt und eine kategorienbasierte Auswertung wird vorgenommen (Kuckartz, 2018, S. 127). Dieser Vorgang kann mithilfe einer Liste oder Tabelle getätigt werden und dient als Basis für die Analysearbeit in den folgenden Phasen (Kuckartz, 2018, S. 127).

Phase 4

Um die Ausprägung der Bewertungskategorien bestimmen zu können, müssen ausreichend codierte Textstellen gelesen werden. Nur so kann bestimmt werden, wie differenziert die evaluativen Unterscheidungen getroffen werden sollen. In dieser Phase werden Textstellen probeweise Bewertungskategorien zugeordnet, um ggf. „Veränderungen der Definitionen und der Zahl der Ausprägungen vorzunehmen" (Kuckartz, 2018, S. 127). Es geht also darum, wie gut mit den formulierten Bewertungskategorien umgegangen werden kann.

Man unterscheidet mindestens drei Ausprägungsstufen (Kuckartz, 2018, S. 127):

1. Hohe Ausprägung der Kategorie,
2. geringe Ausprägung der Kategorie,

3. nicht zu klassifizieren, d. h. die vorhandene Information ist unzureichend, um eine zuverlässige Zuordnung der betreffenden Person zu einer Ausprägung vornehmen zu können.

Die letzte Kategorie kommt fast immer zum Tragen, denn es liegt in der Natur der Sache, dass bei einer qualitativen Inhaltsanalyse nicht jede Person zuverlässig einer bestimmten Ausprägung zugeordnet werden kann.

Phase 5

Die fünfte Phase erfordert die endgültige kategorienbezogene Einschätzung und bewertende Codierung des gesamten Materials (Kuckartz, 2018, S. 134). Auch unklare Fälle werden eingestuft und es wird vermerkt, aus welchen Gründen keine klare Zuordnung stattfinden konnte und weshalb sich der Codierende für seine Zuordnung entschieden hat (Kuckartz, 2018, S. 134; Ornau, 2015, S. 54). Solche Zweifelsfälle sollten immer innerhalb des Forschungsteams besprochen und diskutiert werden, um eine bestmögliche Einordnung zu erzielen. Zu beachten gilt, dass grundsätzlich der Codierungsvorgang nicht „mechanisch" ausgeführt werden sollte, sondern der Codierende immer die Forschungsfrage im Hinterkopf haben sollte. So können einerseits besonders gute Beispiele herausgearbeitet werden und später für den Forschungsbericht von großem Nutzen sein. Andererseits gewährleistet der wache Blick des Codierers eine ständige Verbesserung der Definitionen der Ausprägungen (bspw. anhand von Zitaten) (Kuckartz, 2018, S. 134).

Phase 6

Ähnlich wie bei der inhaltlich strukturierenden Analyse sieht auch die evaluative qualitative Inhaltsanalyse sieben verschiedene Auswertungsformen vor (Kuckartz, 2018, S. 134). Sie werden wie folgt bezeichnet:

1. Statistische Auswertung einzelner Kategorien
2. Verbal-interpretative Auswertung einzelner Kategorien
3. Tabellarische Fallübersicht
4. Vertiefende Einzelfallinterpretation

5. Zusammenhänge mit thematischen Kategorien, Kreuztabelle und Segmentmatrix
6. Statistische Zusammenhänge zwischen bewertenden Kategorien
7. Statistische Zusammenhänge mit sozio-demographischen Merkmalen

Zu Beginn der Auswertung wird normalerweise mit einfachen Auswertungen der Kategorien begonnen, welche hauptsächlich beschreibend, also deskriptiv ausgeführt werden (Kuckartz, 2018, S. 134). Der gesamte Auswertungsprozess wird dokumentiert. Folglich werden zunächst die Kategorien und ihr Theoriebezug geschildert und weiterhin muss der Prozess, wie die Kategorien gebildet wurden, nachvollziehbar dargestellt werden (Kuckartz, 2018, S. 134). Anschließend können die Ergebnisse entweder statistisch-tabellarisch oder verbal-interpretativ aufgeführt werden (Kuckartz, 2018, S. 134).

3.3 Wesentliche Unterschiede zwischen der inhaltlich strukturierenden und der evaluativen qualitativen Inhaltsanalyse

Im Vergleich zur inhaltlich strukturierenden Inhaltsanalyse ist die evaluative Inhaltsanalyse ganzheitlicher orientiert und stärker hermeneutisch-interpretativ geprägt (Kuckartz, 2018, S. 140). Während die zuerst genannte Analyseform einzelne Textstellen fokussiert und sehr kleinteilig arbeitet, betrachtet die zweite Analyseform tendenziell die Ganzheit eines Textes (Kuckartz, 2018, S. 140).

Der interpretatorische Schwerpunkt der evaluativen Inhaltsanalyse mutet den Codierenden mehr Verantwortung zu. Sie müssen genau verstehen und begründen können, was der Forschungsgegenstand ist und wie ihr Entscheidungsprozess der Kategorienzuordnung zustande kommt (Kuckartz, 2018, S. 141). Deshalb empfiehlt Kuckartz (2018, S. 141) ausdrücklich mit zwei Codierenden zu arbeiten, um eine Vergleichbarkeit der Codierergebnisse vorliegen zu haben.

Ein bedeutsamer Unterschied zwischen beiden Verfahren stellt die Kategorienbildung dar: Die inhaltlich strukturierende Inhaltanalyse zeichnet sich durch die Bildung von sehr differenzierten Kategorien und Subkategorien aus und ist wesentlich deskriptiver, während die evaluative Inhaltsanalyse die Kategorienbildung etwas breiter fächert und stärker wertet (Kuckartz, 2018, S. 141).

Daraus ergibt sich, dass die evaluative Inhaltsanalyse eher bei Studien eingesetzt wird, die sehr theorieorientiert sind. In Fällen, in denen vorrangig eine beschreibende Funktion benötigt wird, sollte zur inhaltlich strukturierenden Inhaltsanalyse gegriffen werden (Kuckartz, 2018, S. 141).

Generell können beide Verfahren kombiniert werden. So können für einzelne Bereiche von ausnehmend großem Interesse evaluative Kategorien gebildet werden (Kuckartz, 2018, S. 141).

Anlage

Interviewleitfaden

Titel: Interview zur Messung der aktuellen Unternehmensreputation von VW

Begrüßung und Einleitung

Zu Beginn möchte ich mich herzlich bei Ihnen bedanken, dass Sie sich für dieses Interview Zeit nehmen.

Bevor wir mit dem Gespräch beginnen, möchte ich Ihnen noch einmal kurz schildern, worin der Gegenstand der Studie besteht und worüber wir heute sprechen werden. Im Rahmen eines Forschungsprojektes des psychologischen Instituts der Fernhochschule Riedlingen beschäftigt sich unser Institut im Auftrag der Volkswagen AG mit der Reputation von Volkswagen. Mit dieser Studie wollen wir die „Ist-Situation" der Unternehmensreputation feststellen. Da Sie zu einer wichtigen Stakeholdergruppe gehören, ist Ihre Meinung von großer Bedeutung.

Das Interview wird etwa eine Stunde in Anspruch nehmen. Die Fragen, die ich Ihnen stellen werde, sind größtenteils offener Natur, d. h. Sie erzählen bitte alles, was Sie für relevant halten. Wir haben ausreichend Zeit eingeplant und stehen nicht unter Zeit-druck.

Ihr Einverständnis vorausgesetzt, wird unser Gespräch aufgezeichnet. Anschließend wird der Mitschnitt in unserem Institut niedergeschrieben. Die Tonaufnahme ermöglicht mir ein konzentriertes Zuhören, ohne gleichzeitig Notizen anfertigen zu müssen. Ihre Daten werden vertraulich und anonymisiert behandelt. Ebenso verhält es sich mit der Auswertung der erhobenen Daten. Sofern Sie mit diesem Vorgehen einverstanden sind, bitte ich Sie, die folgende Einverständniserklärung zu unterzeichnen.

Formaler Teil

Name	
Vorname	
Geschlecht	
Jahrgang	
Beruf	
Jetziger Arbeitgeber	
Dort angestellt seit	

Einverständniserklärung

Ich,…………………….., erkläre mich hiermit einverstanden, dass das am …………………. geführte Interview mit Frau Gross aufgenommen werden darf. Einer anschließenden Niederschrift zu Forschungszwecken stimme ich zu.

Mir wurde zugesichert, dass alle persönlichen Daten, die Rückschlüsse auf meine Person zulassen, vertraulich und anonymisiert verwendet werden.

Ort, Datum   Unterschrift

Spezieller Teil

Dimension: Funktionelle Reputation

1. Fragen zur **Produkt- und Dienstleistungsqualität**
   Was halten Sie von der Qualität der VW-Produkte?
   Welche Serviceerfahrungen haben Sie bei VW gemacht?

2. Fragen zum **wirtschaftlichen Erfolg**
   - Wie schätzen Sie den momentanen wirtschaftlichen Erfolg von VW ein?
   - Welchen Herausforderungen sieht sich VW gegenwärtig gegenübergestellt?

3. Fragen zur **Führung** des Konzerns / Managementqualität
   - Wie nehmen Sie die Führung von VW wahr?
   - Wie haben Sie die Führung während der „Dieselaffäre" wahrgenommen?

4. Fragen zur **Marktposition und Bedeutung**
   - Wie schätzen Sie die Marktposition von VW im Vergleich zu anderen Autoherstellern ein? (Wie sähe bspw. eine Rangliste von Automarken aus, die Ihnen gerade einfallen?")

5. Fragen zur **Innovation**
   - Welche Maßnahmen oder Tätigkeiten von VW empfinden Sie als innovativ? (Was ist neuartig, kreativ, einfallsreich, verbessernd?)
   - Halten Sie diese Innovationen für zukunftsträchtig?

Dimension: Soziale Reputation

1. Fragen zum **gesellschaftlichen Engagement / zur sozialen Verantwortung**
   - Welches konkrete gesellschaftliche Engagement von VW ist Ihnen bekannt?
   - Für wie vertrauenswürdig halten Sie VW? (Bitte begründen.)

- Wie schätzen Sie den Ruf von VW in der gesamtdeutschen Gesellschaft derzeit ein? (Nach der Antwort nachfragen, ob sich das mit der eigenen Ansicht deckt!)

2. Fragen zum **Wohlergehen der Mitarbeiter**
   - Was wissen Sie über das Arbeitsklima bei VW?
   - Wie fördert VW seine Mitarbeiter?

3. Fragen zum Umgang mit **Ressourcen**
   - Wie geht VW mit Ressourcen um?
   (Hilfestellung: Wie geht VW bspw. mit der Planung von Arbeitskräften, Maschinen und Werkzeugen um? Bezieht VW die Fähigkeiten und Qualifikationen seiner Mitarbeiter bei Projekten richtig ein? Verwirklicht VW erfolgreich Projekte?)

4. Fragen zum **Umweltmanagement**
   - Als Autohersteller nimmt VW in großem Umfang natürliche Ressourcen in Anspruch. Wie setzt sich VW für Nachhaltigkeit ein?

Dimension: Expressive Reputation:

1. Fragen zur **Faszination der Marke**
   - Wie bewerten Sie das Erscheinungsbild von VW? (Bspw. in der Werbung).
   - Wodurch hebt sich VW von anderen Automarken ab?
   - Weshalb sollte sich ein Kaufinteressent für einen VW entscheiden?

2. Fragen zur **Sympathie**
   - Wodurch fühlen Sie sich VW in emotionaler Hinsicht eher zugeneigt oder eher abgeneigt? Bitte begründen Sie Ihre Antwort.

3. Fragen zur **Faszination des Unternehmens**
    - VW wurde bereits 1937 gegründet. Was sind Ihrer Meinung nach Gründe dafür, dass VW seit über 80 Jahren besteht?
    - Was muss VW tun, um die nächsten 80 Jahre bewältigen zu können? Wo sehen sie Verbesserungsbedarf?

Schluss

Von meiner Seite aus sind wir am Ende des Interviews angelangt. Gibt es von Ihrer Seite noch Fragen oder Aspekte, die nicht angesprochen wurden und sie Ihnen noch wichtig sind?

Vielen Dank für Ihre Zeit und Ihre Mühe!

Literaturverzeichnis

Bortz, J., Döring, N. (2006), Forschungsmethoden und Evaluation, 4. Aufl. Heidelberg.

Bortz, J., Döring, N. (2016), Forschungsmethoden und Evaluation, 5. Aufl., Heidelberg, doi: 10.1007/978-3-642-41089-5.

Helfferich, C. (2009), Die Qualität qualitativer Daten, 3. Aufl., Wiesbaden.

Keuneke, S. (2017), Qualitatives Interview; In: Mikos, L., Wegener, C. (Hrsg.), Qualitative Medienforschung, S. 302-312. 2. Aufl., Konstanz.

Kuckartz, U. (2018), Qualitative Inhaltsanalyse. Methoden, Praxis, Computerunterstützung, 4. Aufl., Weinheim.

Lemnek, S., Krell, C. (2016), Qualitative Sozialforschung, 6. Aufl., Weinheim.

Misoch, S. (2019), Qualitative Interviews, Berlin, doi: 10.1515/9783110545982-201.

Reinhardt, R., Ornau, F. (2015), Interviewtechnik, 2. Aufl., Studienbrief der SRH Fernhochschule, Riedlingen.

Renner, K.-H., Jacob, N.-C. (2020), Das Interview, Berlin, doi: 10.1007/978-3-662-60441-0.

Ternès, A., Runge, C. (2015), Reputationsmanagement, Wiesbaden, doi: 10.1007/978-3-658-10307-8.

Online-Literaturverzeichnis

Eisenegger, M., Imhof, K. (2007), Das Wahre, das Gute und das Schöne: Reputations-Management in der Mediengesellschaft, fög discussion paper 2007-0001. Fög-Forschungsbereich Öffentlichkeit und Gesellschaft, Zürich. Abgerufen am 15.08.2020.

Schwaiger, M., Raithel, S. (2014), Reputation und Unternehmenserfolg; In: Management Review Quarterly 64, S. 225-59, doi: 10.1007/11301-014-0106-8; abgerufen am 20.08.2020.